El por qué de algunas cosas

The reason of some things

Para niños curiosos
For curious children

ILUSTRADORES DE DURANGO

Educando a través del arte

Dirección: Francisco J. Galeana V.

Psicóloga: Denisse Argelia Calderón

Traducción: Angélica Gallegos, Claudia Carolina Gutiérrez
Gurrola y Jaime Yaniro Herrera Méndez

Corrección de estilo: José Aurelio Vargas

Diagramación: Omar A. Morales

Portada: Sebastián Fernández Orona

Introducción

Durante la infancia los niños se cuestionan muchas situaciones que en ocasiones resulta difícil de entender, ya sea por el entorno en que viven o por cualquier otra circunstancia que los mantiene fuera de un desarrollo integral. Este libro ilustrado apoyara a resolver algunas de esas interrogantes despertando la curiosidad por aprender y al mismo tiempo reforzara el interés por la lectura.

¿Por qué?

índice

¿POR QUÉ SOÑAMOS?

WHY DO WE DREAM?

Mientras dormimos nuestro cuerpo parece no tener más actividad, pero el cerebro no descansa durante la noche al contrario es cuando trabaja más para guardar nuestras experiencias vividas de días o meses pasados.

While we sleep our body seems not have more activity, but the brain never rest at nights, actually is when the brain works more to keep saving our memories.
We normally dream experiences of our live that we have already lived in past days or months.

¿POR QUÉ LLUEVE?

WHY IT RAINS?

Cuando el sol calienta el agua de los mares, ríos y lagos, el agua se evapora y sube a la atmósfera.
En la atmósfera el vapor se condensa por el frío y forma las nubes.
Las nubes son muchas gotas de agua juntas. Cuando la nube no puede cargar más gotas, caen y "llueve". Al caer, la lluvia forma los ríos, lagos y mares y el ciclo empieza de nuevo.

When the sun heats the water of seas, rivers and lakes, the water evaporates and rises into the atmosphere.
In the atmosphere the vapor condenses forming clouds.
Clouds are many drops of water together. When these are not capable to keep more drops, these fall in rain. The rain forms rivers, lakes and sea, and the cycle begins again.

¿POR QUÉ LLORAMOS?

WHY DO WE CRY?

Las lágrimas fluyen a través de tubos delgados en los ojos que son llamados "glándulas lagrimales". Lloramos cuando estos tubos son provocados además para formar una capa que proteja nuestros ojos para que al parpadear se expanda y mantenga los ojos húmedos y libres de polvo.

Tears pass through a tube named it "tear glands", we cried when this tube is provoked. Also we cried to form a thin coating to protect our eyes. When we blink this coating is distributed into our eyes to keep it damp and free of dust.

¿POR QUÉ LOS PÁJAROS VUELAN EN FLECHA?

WHY BIRDS FORM AN ARROW WHEN THEY ARE FLYING?

Los pájaros viajan formando una flecha por que así se cansan menos.
Un tiempo después los pájaros cambian de posición para ayudar al pájaro de enfrente.

They fly in this way because it is a less tiring form to fly.
They change of position to help the bird that is on front, afterwards of a time flying.

¿POR QUÉ MORIMOS?

WHY DO WE DIE?

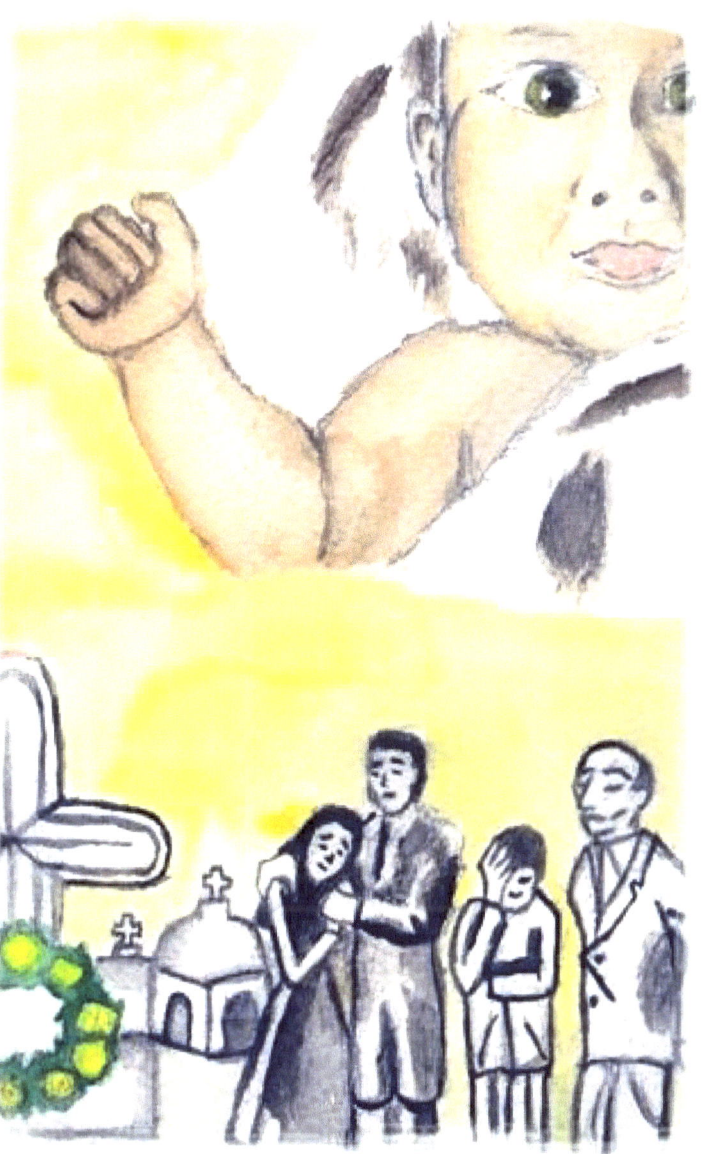

Porque es parte del ciclo de la vida, todo lo que empieza tiene que acabar. Es como cuando se descompone un televisor que funciono muchos años pero llega un momento en el que ya no.

Because it is part of our cycle of life, everything that starts has to end. It is like when a TV breaks which worked many years but in a certain time it does not work anymore.

¿POR QUÉ LOS BARCOS FLOTAN?

WHY BOATS FLOAT?

La flotación de los barcos tiene que ver con su peso ya
que es menor al del agua del mar desplazada.

The flotation of the boats has a relation with their weight, due
to it less than the water of the sea.

¿POR QUÉ LOS GALLOS CANTAN?

WHY DO ROOSTERS CROWS?

Para marcar su territorio y demostrar quién es el más fuerte.

To mark their territory and prove who is the strongest.

¿POR QUÉ SE VE LA LUNA DE DÍA?
WHY CAN WE SEE THE MOON DURING THE DAY?

La luna no tiene luz propia. Brilla en la noche porque refleja la luz del sol y brilla de día porque refleja la luz que la Tierra refleja del sol como en un juego de espejos.

The moon has no light of its own. Shines in the night because it reflects the light of the sun and shines in the day because of the Earth's light reflected in the sun as a mirrors game.

¿POR QUÉ EN OTOÑO LAS HOJAS DE LOS ÁRBOLES CAEN?

WHY THE LEAVES FALL OF THE TREES IN AUTUMN?

Las hojas se caen porque en otoño la luz del sol es mínima, entonces el sol no les da el suficiente alimento ni la fuerza para sobrevivir por eso caen.

The leaves fall in autumn because the sunlight is not enough anymore.
When autumn happens the sun does not provide at the tress, food or the strength to survive that why the leaves fall,

¿POR QUÉ CAMBIA NUESTRO CUERPO?

WHY OUR BODY CHANGE?

Cambia como parte del crecimiento y madurez que va tomando nuestro cuerpo.

Is a part of our development and maturity that our body needs.

¿POR QUÉ LA LUNA ALGUNAS VECES SE VE AMARILLA?

WHY THE MOON SOMETIMES LOOKS WITH A YELLOW COLOR?

La Luna se ve amarilla a veces por el polvo en la atmósfera.

The Moon seems yellow sometimes because of the atmosphere dust.

¿POR QUÉ A LOS PECES NO LES LLORAN LOS OJOS BAJO EL AGUA?

WHY THE FISHES DON´T CRY UNDER WATER?

Porque sus ojos están cubiertos con una membrana resistente llamada esclerótica que los protege de materias extrañas bajo el mar.

Because their eyes are covered with a strong layer called sclera. This membrane protects them from foreign material of the sea.

¿POR QUÉ LAS TORTUGAS VIVEN MUCHOS AÑOS?

WHY THE TURTLES LIVE SO MANY YEARS?

Las tortugas viven muchos años por que son muy fuertes y resistentes, su sangre es fría, así que no gastan energía en generar calor.
Algunas especies de tortugas llegan a vivir hasta 150 años

They live for a long time because they are very strong and resistant; their blood is cold so the turtles don't spend energy to generate heat.
Some species of turtles used to live up to 150 years.

La luz del sol, al brillar, emite muchos tipos de "luz", uno de ellos,
los rayos ultravioletas que logran quemar la retina del ojo.

Sunlight is so shining that emits many types of "light", one of them, the ultraviolet
rays are those which can burn our eyes' retina if we stare at the sun.

¿POR QUÉ SE ESCUCHAN RUIDOS EN LAS CASAS POR LAS NOCHES?

WHY WE HEAR NOISES IN THE HOUSES AT NIGHT?

Porque, durante el día, la casa se calienta y en la noche se enfría, esto provoca que la casa absorba humedad y la pierda, lo mismo con muebles y objetos de madera, que al enfriarse se encogen y crujen.

Because during the day the house is heated and in the night is cooled.
Is the same when the furniture absorbs moisture making them contract and finally cracks.

¿POR QUÉ EL ALETEO DEL COLIBRÍ PROVOCA UN ZUMBIDO FUERTE?

WHY THE FLUTTER OF THE HUMMINGBIRD CAUSES A STRONG BUZZ?

Un colibrí puede mover las alas hasta 90 veces por segundo, simulando un sonido parecido al del helicóptero. Este aleteo tan veloz es el que genera el zumbido.

A hummingbird can move the wings up to 90 times per second, simulating a sound similar of an helicopter. This flutter is so fast that generates an strong buzz.

¿POR QUÉ SE FORMAN LAS NUBES?

WHY ARE CLOUDS FORMED?

Las nubes se forman gracias al ciclo de agua, cuando el sol calienta el agua que hay en los ríos, lagos y mares, el vapor sube hasta formar una masa visible, que son las nubes.

Clouds are formed by the water cycle, when the sun heats the water in the rivers, lakes and seas, the vapor rises to form a visible mass, which are clouds.

¿POR QUÉ NOS DA MIEDO LA OSCURIDAD?

WHY ARE WE AFRAID OF THE DARK?

La oscuridad es la ausencia percibida de la luz y le tememos porque no podemos ver nada y no sabemos qué es lo que puede estar alrededor de nosotros.

Darkness is the absence of the light and we fear it because we do not see anything and we do not know what may be around us.

¿POR QUÉ EL CIELO ES AZUL?

WHY THE SKY IS BLUE?

El aire en la tierra es un color azul muy clarito
que a simple vista no lo vemos.
Este aire de color azul se junta en el cielo
haciendo que se pueda ver un azul más visible

The air in the earth is a very faint blue color that at first sight we
cannot see it.
This blue air gets together in the sky doing that we can see a blue
more visible.

¿POR QUÉ LOS GLOBOS VUELAN?

WHY DO BALLOONS FLY?

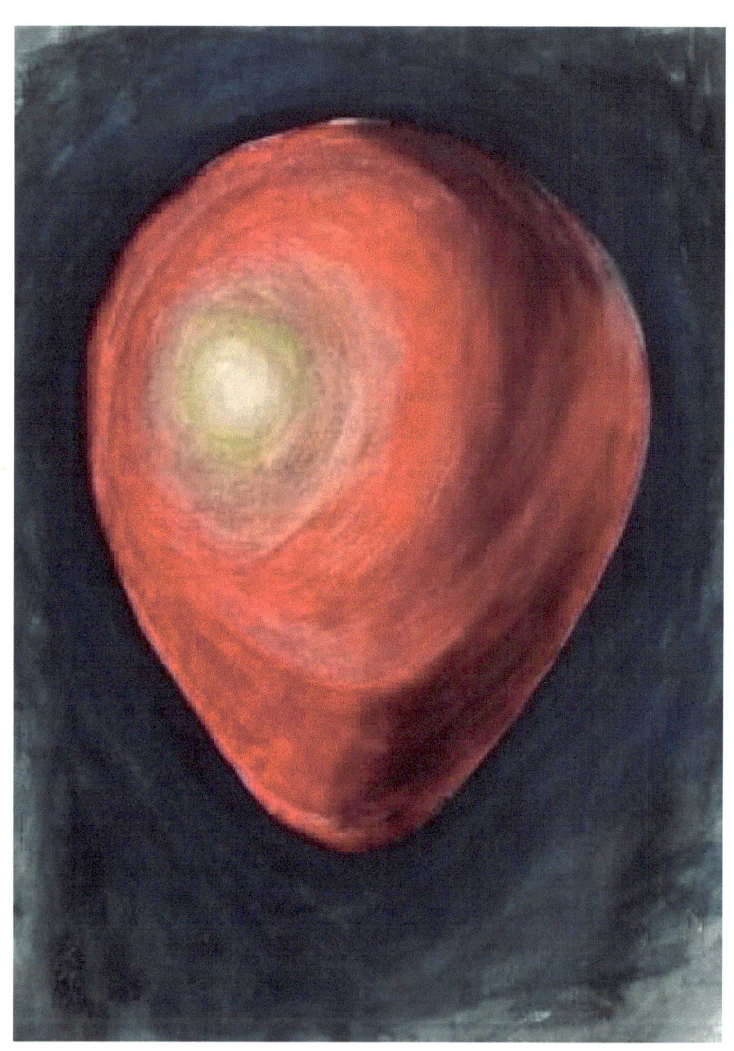

Porque tienen un gas llamado helio que es mas liviano que el oxígeno.

Because they have a gas named helium, which is lighter than oxygen is.

¿POR QUÉ CAEN LAS COSAS HACIA EL SUELO?

WHY THINGS FALL TO THE GROUND?

Las cosas caen hacia el suelo por que la tierra las atrae.
A esta fuerza de atracción se le llama gravedad.
Es como un imán gigante que atrae cualquier cosa a el.

Things fall to the floor, because they are attracted to the ground. This gravitational attractive force is called gravity.
It is like a gigantic magnet attracting things to it.

¿POR QUÉ CAEN RAYOS DEL CIELO?

WHY DO LIGHTNING FALL?

En las nubes hay pequeños pedazos de hielo que al chocar entre sí, generan electricidad. Cuando se genera mucha electricidad en una nube, y hay suficiente, se libera en forma de relámpago.

In the clouds, there are small pieces of ice, that when hitting each other, generating electricity.
When they generate a lot of electricity in a cloud and it is enough for this, they are released as lightning.

¿POR QUÉ HAY ARENA EN LA PLAYA?

WHY IS THERE SAND ON THE BEACH?

La arena son las rocas deshechas que están en el fondo a causa de los movimientos del mar. Dicho movimiento es el mismo que se encarga de llevarla hasta la playa.

The sand is the broken rocks of the bottom of the sea that happens because of the movements that the sea provokes. This movement is the same that is responsible for take it until the beach.

¿POR QUÉ LAS ROSAS TIENEN ESPINAS?

WHY DO ROUSES HAVE THORNS?

Porque es su mecanismo de defensa.

Because it is their defense mechanism.

¿POR QUÉ SE FORMAN LAS OLAS?

WHY ARE WAVES FORMED?

Por el viento y por dos movimientos de la Tierra que son cuando la Tierra gira sobre su propio eje (rotación) y el otro cuando se mueve de un lugar a otro (translación) es como un rombo, estos movimientos son los que generan las olas.

Waves are provoked by the wind and the Earth's movements. One of them is when the Earth rotates on its own axis (rotation) and the other when it is moved from one place to another (translation) as the movement of a rhombus toy, these movements are those that generate the waves.

¿POR QUÉ LAS FLORES TIENEN COLORES DIFERENTES?

WHY DO FLOWERS HAVE DIFFERENT COLORS?

Para atraer a diferentes tipos de insectos.

To attract different type of insects.

¿POR QUÉ NOS SALEN LAGAÑAS?

WHY DO WE GET "LAGAÑAS"?

Al dormir nuestros parpados se convierten en un mini limpiaparabrisas ya que lubrican y limpian nuestros ojos. Si esto no pasara los ojos estarían contaminados todo el tiempo lo que provocaría enfermedades en los ojos.

When we sleep our eyelids clean and lubricate our eyes. If this did not happen our eyes would be contaminated all the time, which may cause infections.

¿POR QUÉ NOS HUELEN LOS PIES?

WHY OUR FEET SMELL?

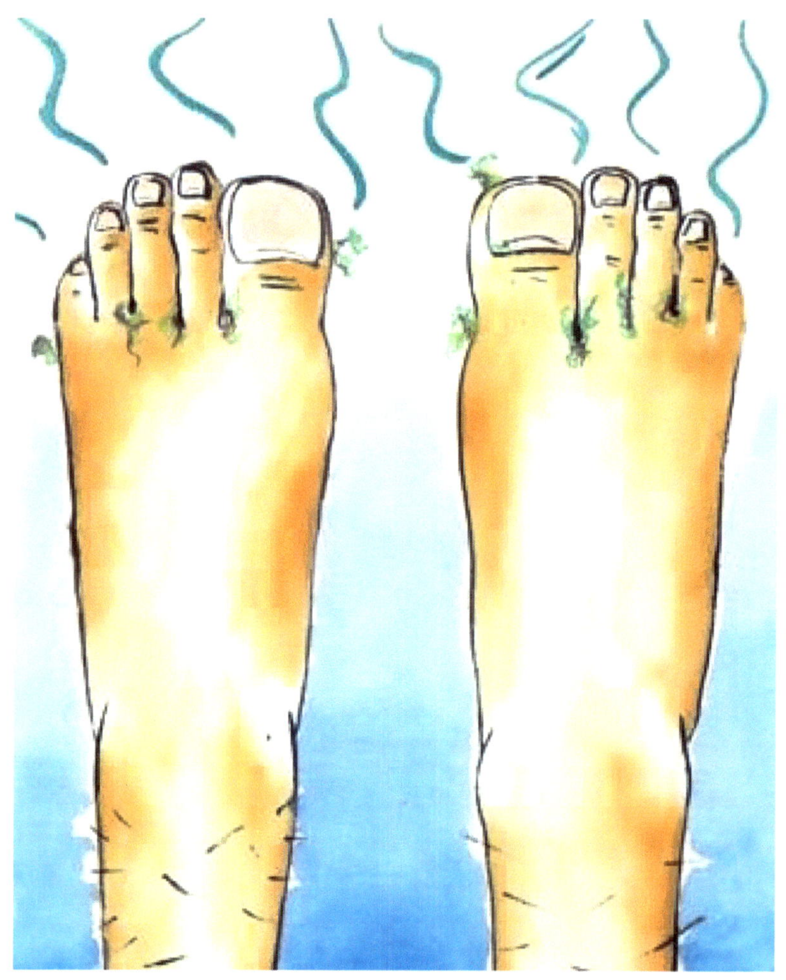

La falta de ventilación de los pies genera un ambiente húmedo perfecto para la aparición de hongos y bacterias que generan el mal olor.

The lack of ventilation in our feet generates a humid environment, perfect for the fungus and bacteria that create odor.

¿POR QUÉ SE FORMA EL ARCOÍRIS?

WHY IS RAINBOW FORMED?

Se puede ver un arcoíris casi siempre después de llover ya que algunas gotas de lluvia se quedan y que al ser atravesadas por la luz del sol proyecta siete colores: rojo, amarillo, naranja, amarillo, verde, azul, añil y violeta.

You can almost always see a rainbow after the rain, when rain finishes, sunlight goes through some small drops and projects seven colors: Red, yellow, orange, green, blue, purple and "añil", the colors of the rainbow.

¿POR QUÉ LAS HOJAS DE LOS ARBOLES CAMBIAN DE COLOR EN OTOÑO? WHY DO TREE LEAVES CHANGE COLOR IN AUTUMN?

Las hojas tienen una sustancia llamada clorofila que permite que la fotosíntesis se realice y les de el color verde a las hojas. Durante el otoño la luz solar es menos que en verano
Por lo cual la clorofila a falta de luz se ira desgastando y las hojas empezaran a cambiar de color.

The leaves have a substance called chlorophyll that allows photosynthesis takes place and give them the green color to the leaves. During the autumn sunlight is less than in summer; consequently the lack of sunlight will make that the chlorophyll begins disappear and leaves start to change color.

POR QUÉ VEMOS LOS OBJETOS DE DISTINTOS COLORES?

WHY DO WE SEE OBJECTS IN DIFFERENT COLORS?

El color de los objetos es el reflejo de la luz del sol. El color es sólo una percepción del ojo humano que sucede cuando se ven estos reflejos diferentes en los objetos.

Objects' color is the reflection of sunlight. The color is just a perception of the human eye this happens when we are able to see these different reflexes in objects.

¿POR QUÉ LAS FRUTAS TIENEN DISTINTOS COLORES?

WHY DO FRUIT HAVE DIFFERENT COLORS?

Las frutas tienen un conjunto de características llamadas "organolépticas", las cuales describen características físicas como: color, olor, sabor, textura,

The fruits have a set of features called "organoleptic", which describe physical characteristics such as: color, smell, flavor, texture.